Género Ficción realista

I0902688

Pregunta esencial

¿Qué tradiciones conoces?

Latkes en familia

Sarah Hughes

ilustrado por Anthony Lewis

Capítulo 1 ¿Qué son los latkes?

Afuera hacía frío y llovía. Por fin llegó Sofía, que venía a quedarse a dormir.

Luego de dejar su paraguas y colgar su impermeable, la saludé con un abrazo.

—Bienvenida, Sofía —dijo papá sonriendo.

—¿Qué llevas ahí? —le pregunté.

—Es un pan que hice con mi mamá. Espero que te guste, Ema —contestó Sofía.

—¡Muchas gracias! —dijo mamá contenta.

—Hoy vamos a hacer latkes —le dije con voz alegre.

—¿Es un baile? —preguntó Sofía.

—¡No! ¡Latkes es una comida! —dije—. Aunque alguna gente le dice “latkas”. Ambos nombres son correctos.

—Los latkes son deliciosos. Llevan varios ingredientes —le dije.

—¿Como cuáles? —me preguntó Sofía.

Detective del lenguaje	¿Cuál es el predicado de la oración subrayada?

—Llevan papa, cebolla, huevos, harina y sal. Yo les agrego puré de manzana a mis latkes. Papá y mamá les agregan crema —dije.

—¡Sí, suena delicioso! —dijo Sofía.

Capítulo 2 *En la cocina*

Todos ayudábamos en la cocina.

—Los latkes son nuestra tradición. Yo los preparaba a tu edad, Sofía —dijo papá.

—Yo rallo las papas como hacía tu abuela en Rusia, Ema —me dijo mamá.

Detective del lenguaje	¿Cuál es el predicado de la oración subrayada?

Mi papá siguió enseñándonos. ¡Es muy buen profesor!

—Primero rallamos las papas. Luego, añadimos las cebollas —dijo.

—¿Ahora es el momento de añadir los huevos? —preguntó Sofía.

—Todavía no, antes debemos retirar el agua con una toalla —dijo papá.

—Todos colaboran —me dijo Sofía.

—Sí, todos participamos —le dije.

Leo le dio una cuchara a mamá.

—¡Incluso Leo! —dijo mamá, riéndose.

—Me gustan los latkes —dijo Sofía.

—¡A mí también me gustan! —le dije.

Capítulo 3 *Más tradiciones*

A la mañana siguiente, probamos el pan de Sofía.

—Este es pan de soda irlandés. En casa nos encanta. Es común en Irlanda, donde nacieron mis abuelos —dijo Sofía.

—¡Tiene buen aspecto! ¿Sabían que este pan no lleva levadura? —dijo mamá, que sabe mucho porque es una gran lectora.

—¿Quién quiere compartir el último pedazo de pan conmigo? —nos preguntó papá.

—¡Yo! —gritamos al mismo tiempo Sofía y yo.

Respuesta a la lectura

Volver a contar

Vuelve a contar *Latkes en familia* con tus propias palabras.

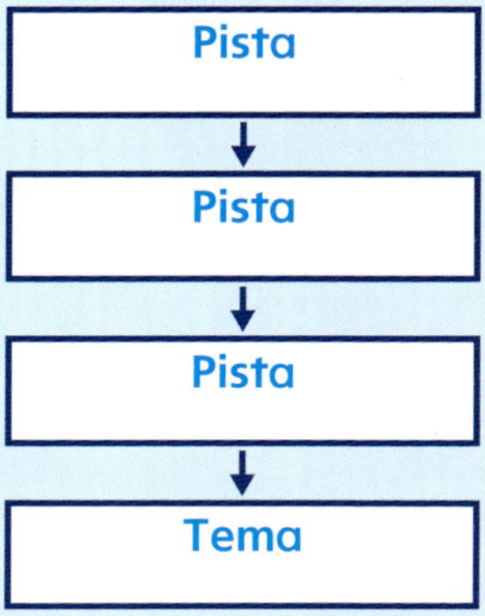

Evidencia en el texto

1. ¿Qué opinan Sofía y Ema de las comidas tradicionales de sus familias? **Tema**
2. ¿Cuál es el tema del cuento? **Tema**
3. ¿Cómo sabes que *Latkes en familia* es un cuento de ficción realista? **Género**

Género No ficción

Compara los textos

Compara cómo se hacen las comidas.

¿QUÉ ES UN TACO?

Un taco es un platillo mexicano famoso en todo el mundo, especialmente en Estados Unidos. La tortilla puede ser tierna o crujiente. El relleno puede tener carne, queso y muchas otras cosas. El taco te da la libertad de rellenarlo con lo que gustes. Aprende cómo preparar uno.

CÓMO HACER UN TACO

1. Coloca la tortilla en un plato.
2. Rellénala con algo de carne y frijoles.
3. Añade queso.
4. Añade verduras.
5. Ponle las salsas que gustes.
6. ¡Ahora pruébalo!

Haz conexiones

¿En qué se parece la preparación de tacos a la preparación de latkes?

El texto y otros textos

Enfoque: Género

Ficción realista Un cuento de ficción realista relata sucesos que podrían ocurrir en la vida real, pero tiene personajes y detalles inventados.

Lee y descubre En *Latkes en familia*, los personajes son inventados, pero se comportan como la gente real. Preparan una comida que tu familia también podría preparar.

Tu turno

Piensa en una comida que sea una tradición en tu casa. ¿Qué comida es? ¿Cuándo la comes? ¿De qué país proviene? Dibuja a tus amigos y familia disfrutando de esa comida. Escribe algunas oraciones acerca de la comida que elegiste.